Вера Смирнова

По-русски?
С удовольствием!

Грамматическая тетрадь и упражнения
Книга 2

Cahier de grammaire et d'exercices
Livre 2

2015

Редактор: А.Ефендиева
Графическое оформление: Adem
Фотоархив: Vera Smirnova & Co – EWIS

Данная грамматическая тетрадь является приложением к учебнику «По-русски? С удовольствием!», книга 2. Она охватывает грамматический материал, используемый для речевых конструкций в соответствии с темами уроков учебника.

Каждому уроку учебника «По-русски? С удовольствием!» соответствует урок в грамматической тетради. В каждом уроке дается подробное объяснение пройденным темам грамматики, за которым следуют упражнения.

В конце грамматической тетради даются ключи к упражнениям, а также приводятся таблицы пройденных падежей существительных, прилагательных, личных местоимений и употребления предлогов.

Данная грамматическая тетрадь не дает полного обзора грамматики русского языка. Она охватывает исключительно грамматический материал, необходимый для прохождения тем книги 2 «По-русски? С удовольствием!».

Учебник «По-русски? С удовольствием!» предназначен для взрослых, начинающих изучать русский язык, как иностранный. Он может быть использован как в условиях разноязычной среды, так и в русскоязычной среде. Книга 2 - вторая часть из трёх - рассчитана на 60-70 часов учебных занятий под руководством преподавателя в группах разноязычных учеников.

Структура и подача материала соответствуют уровню А2 по европейской системе референций CECRL.

Настоящее пособие прошло проверку в разноязычной среде Брюсселя. В течение нескольких лет оно используется на курсах русского языка в Брюсселе в школе Vera Smirnova & Co – East-West Information Services, на вечерних курсах в Institut Libre Marie Haps, а также на курсах русского языка в различных фирмах и организациях.

Вера Смирнова

ISBN 978-2-930549-03-3
Vera Smirnova & Co-EWIS
200 Avenue de la Chasse
1040 Bruxelles, Belgique

Dépôt légal : D/2015/11.749/1

TABLE DES MATIÈRES

1. Les numéraux 1 et 2.

En russe le numéral 1 a trois genres et le pluriel : один, одна, одно, одни.

Il s'accorde avec le genre du nom.

Один компьютер. Одна книга. Одно письмо.

Il s'emploit aussi dans le sens «seul».

Виктор один ужинает дома. Татьяна одна смотрит телевизор. Дети дома одни.

Le numéral 2 a deux formes :

Два – pour le masculin et neutre

Две – pour le féminin.

Здесь два компьютера. У меня есть два пальто. Здесь две книги.

Les autres numéraux n'ont qu'une forme pour tous les genres.

2. L'emploi des cas après les numéraux.

Le numéral 1 (et les numéraux composés : 21, 31, ..., 101 etc.) est suivi par le nominatif singulier.

Один час. Одна минута. Одно письмо.

Двадцать один час. Двадцать одна минута. Двадцать одно письмо.

Les numéraux 2, 3, 4 (et les numéraux composés: 22, 23, 24, ... 104 etc.) sont suivis par le génitif singulier du nom.

Два часа. Две минуты. Двадцать два часа. Двадцать две минуты.

Après tous les autres numéraux, le substantif se met au génitif pluriel.

Сейчас пять часов двенадцать минут. Сейчас девятнадцать часов восемь минут.

3. Les formes de :

	час	минута
Nominatif singulier	час	минута
Génitif singulier	часа	минуты
Génitif pluriel	часов	минут

4. La réponse à la question «Quand…» - «Когда?...» ou «A quelle heure…?» - «Во сколько часов...?»

Pour répondre à la question : «A quelle heure nous nous rencontrons ?», il faut mettre la préposition «в» avant de dire l'heure.

- Когда мы встречаемся? – Мы встречаемся **в** пять часов.
- Во сколько часов открываются магазины? – **В** 10 часов.

5. Durée de l'action

Pour exprimer la durée de l'action, il ne faut pas mettre la préposition «в».

- Сколько времени ты смотрел телевизор? – Я смотрел телевизор 3 часа.
- Сколько времени ты делала эту работу? – Я делала эту работу 1 час.

La durée de l'action est exprimée à l'accusatif. Seules les formes avec le numéral «одна» au féminin changent.

Я тебя жду одну минуту. Я делала эту работу одну неделю.

Mais :

Виктор отдыхал один месяц. Он изучал русский язык один год.

4

6. Les formes des mots :

	день,	месяц,	год	неделя
Nominatif singulier	день,	месяц,	год	неделя
Génitif singulier	дня,	месяца,	года	недели
Génitif pluriel	дней,	месяцев,	лет	недель

7. Les mots - сколько, много, мало, несколько – sont toujours suivis par le génitif pluriel.

Сколько лет вы учились? Татьяна была в Париже несколько дней.

УПРАЖНЕНИЯ / EXERCICES

А. Mettez les numéraux один, одна, одно, одни :

1. ..... книга. 2. ..... окно. 3. ...... телевизор. 4. ..... письмо. 5. ..... театр. 6. ...... документ. 7. Дети ..... смотрят телевизор. 8. Сегодня вечером Виктор дома .... 9. Татьяна ...... гуляет в парке.

Б. Mettez le numéral два, две :

1. .... часа. 2. ..... минуты. 3. .... месяца. 4. ..... недели. 5. Двадцать .... часа тридцать .... минуты.

В. Mettez à la forme correcte les mots час et минута :

1. Двадцать два час... две минут... . 2. Один час... пятнадцать минут.... . 3. Три час... сорок две минуты... . 4. Пятнадцать час... пятьдесят минут... . 5. Двенадцать час... семнадцать минут... . 6. Четыре час... двадцать одна минут... .

Г. Mettez là où il faut la préposition «в» :

1. Когда открывается почта? - ..... 8 часов. 2. Сколько времени ты сегодня работал? - ..... 8 часов. 3. Когда вы начинаете работать? - ..... 9 часов 30 минут. 4. Когда вы кончаете работать? - ..... 6 часов. 5. Сколько времени Виктор смотрел вчера телевизор? - ..... 5 часов. 6. Сколько времени вы делали эту работу? - ..... 2 часа. 7. Когда вы встречаетесь? - .... 7 часов. 8. Во сколько часов начинается концерт? - ..... 8 часов. 9. Сколько времени Поль был в Москве? - ..... одну неделю.

Д. Ecrivez à la forme correcte les mots день, неделя, месяц, год :

1. Я работаю в фирме один ..... (год). 2. Мы отдыхали одну .... (неделя). 3. Татьяна училась в Париже шесть .... (месяц). 4. Виктор переводил текст пять .... (день). 5. Антон не работал два .... (месяц). 6. Татьяна и Олег живут в Нью-Йорке уже десять .... (год). 7. Раньше они жили два ....(год) в Испании. 8. Иван изучает английский язык только пять .... (неделя), а испанский язык только три .... (неделя). 9. Российские инженеры работали в нашей фирме один .... (месяц). 10. Я читала эту книгу четыре .... (день). 11. Ирина была в Париже один .... (день).

Урок 2   Leçon 2

1. Les jours de la semaine

Pour répondre à la question «Quel jour sommes-nous aujourd'hui?» - «Какой сегодня день?», on utilise le nominatif pour indiquer le jour de la semaine.

- Какой сегодня день? – Сегодня <u>суббота</u>.

Pour répondre à la question «Quand?» - «Когда?» on utilise l'accusatif avec la préposition «в» pour désigner le jour de la semaine.

- Когда вы отдыхаете? – <u>В субботу</u> и <u>в воскресенье</u>.

2. Les verbes Идти/Ходить; Ехать/Ездить

Vous connaissez déjà les verbes «идти» (aller à pieds) et «ехать» (aller en transport terrestre). Ce sont les verbes qui font partie du groupe que l'on appelle «les verbes de mouvement».
Les verbes «идти» et «ехать» désignent le mouvement vers un but, dans une direction. On les appelle aussi «les verbes unidirectionnels».

Я иду на работу.   Я еду на море.

Les verbes unidirectionnels ont leurs couples – les verbes multidirectionnels. Ce sont les verbes qui désignent le mouvement dans plusieurs directions ou répétitif : ходить и ездить.

Идти - Ходить   Ехать - Ездить

Les verbes multidirectionnels employés au passé désigne le mouvement d'aller et de retour : le fait d'aller quelque part et de retourner.

Вчера мы ходили в театр = Вчера мы были в театре.
В воскресенье мы ездили на море = В воскресенье мы были на море.

Les verbes «ходить» et «ездить», comme les verbes «идти» et «ехать» sont suivis de l'accusatif.

Pour savoir où vous êtes allés, on pose la question «куда?»

-     Куда Олег ходил вчера? – Вчера он ходил в ресторан.
-     Куда вы ездили в выходные дни? – Мы ездили на дачу.

3. Les mots : Почему? Потому, что ... Поэтому...

La question «Почему?» (Pourquoi?) est posée pour connaître la raison de faire ou de ne pas faire quelque chose. Pour expliquer la raison, on emploie la conjonction «потому что...» (parce que).

- Почему ты не смотришь фильм? – Я не смотрю фильм, потому что он неинтересный.
- Мы не идём гулять, потому что сегодня плохая погода.

Pour exprimer la conséquence de l'action, on emploit l'adverbe «поэтому...» (c'est pourquoi).

Этот фильм неинтересный, поэтому я его не смотрю.
Сегодня плохая погода, поэтому мы не идём гулять.

4. L'adverbe «назад».
Pour dire qu'un évènement s'est déroulé il y a quelque temps, on emploie l'adverbe «назад» précédé des mots qui indiquent le temps, à l'accusatif.

Час назад я была в аптеке. Неделю назад мы ещё были в Петербурге.
Пять лет назад Татьяна училась в Москве.

УПРАЖНЕНИЯ / EXERCICES

A. Répondez aux questions en employant les jours de la semaine :

1. Когда вы работаете? .... 2. Когда вы отдыхаете? ....
3. Когда вы были в ресторане? .... 4. Когда вы были в кино? ....
5. Когда вы были в магазине? .... 6. Когда вы смотрели интересный фильм? ....
7. Когда вы были на море? ....

6

Б. Mettez les verbes «ходить» / «ездить» au passé :

1. Последний раз Петр .... в Брюссель три года назад. 2. Когда мы отдыхали, мы каждый день .... на пляж пешком. 3. В выходные дни мы .... в Париж. 4. На сколько дней ты .... в Данию? 5. Куда ты .... вчера вечером? 6. Днём мы .... обедать в ресторан. Он находится близко. Всего 5 минут пешком.

В. Utilisez les mots «потому что» / «поэтому» :

1. Почему ты не едешь на море? - .... я сегодня работаю.

2. У меня не было времени, ... я не сдал эту работу.

3. Я не ходил на футбол, ... у меня не было билета.

4. У нас сегодня делегация, ... вечером мы идём ужинать в ресторан.

Г. Répondez aux questions en employant des phrases avec le mot «назад» :

1. Когда у вас был последний отпуск? - .... (3, месяц)
2. Когда ты ездил на море? - .... (неделя)
3. Где ты была .... (2, час)? - Я тебе звонила.
4. Когда Виктор жил в России? - .... (5, год)
5. Татьяна начала работать в фирме .... (7, месяц)

Урок 3   Leçon 3

1. Le futur des verbes

Le russe n'a qu'un temps futur.
La plupart des verbes que vous avez appris forment le future à l'aide du verbe «Быть» conjugué (я буду, ты будешь, он/она будет, мы будем, вы/Вы будете, они будут) + l'infinitif du verbe.

Завтра вечером я буду читать книгу и смотреть телевизор.

Vous savez déjà que le verbe «Быть» au présent ne s'emploie pas. Mais il s'emploie au passé et au futur.

Вчера Виктор был на конференции. Сегодня Виктор на конференции. Завтра Виктор будет на конференции.
- Ты будешь завтра на конференции? – Да, буду.

2. Les verbes «Пойти», «Поехать»

Pour exprimer l'intention au futur d'aller quelque part, on utilise les verbes «Идти» et «Ехать» en ajoutant le préfixe «по»: «Пойти» / «Поехать». (Quand on ajoute les préfixes au verbe «Идти», la racine de ce verbe change et devient «-йти» - пойти)

Завтра вечером мы пойдём обедать в ресторан.
В субботу они поедут на море.

3. L'adverbe «через».

Pour dire qu'un évènement se passera dans quelque temps on emploie l'adverbe «через» suivi des mots qui indiquent le temps à l'accusatif.

<u>Через неделю</u> Виктор поедет в Москву.
<u>Через два года</u> Елена будет жить в Брюсселе.

4. Prépositionnel (VI) des noms

Vous connaissez déjà la fonction du cas prépositionnel pour déterminer le lieu où se trouve une personne ou un objet.
(Игорь живёт <u>в России</u>. Театр находится <u>в центре</u>).

L'autre fonction du prépositionnel est de désigner l'objet de la parole, de la pensée. Dans ce cas, on utilise la préposition «о/об». Vous connaissez les terminaisons des substantifs au prépositionnel. (Voir Manuel – livre 1, leçon 8)

Pour savoir de qui ou de quoi une personne parle, on pose la question :

«О ком вы говорите?» «О чём вы говорите?»
«Ком» et «Чём» c'est le prépositionnel de «Кто» et «Что».

- О ком вы думаете? – Я думаю о детях.
- О чем вы говорите? – Мы говорим о фильме.
- О ком вы говорите? – Мы говорим об актрисе.

5. Le prépositionel des pronoms personnels est :

Кто?	О ком?	Кто?	О ком?
Я	Обо **мне**	Мы	О **нас**
Ты	О **тебе**	вы/Вы	О **вас**
Он	О **нём**	Они	О **них**
Она	О **ней**		

6. Prépositionnel (VI) des adjectifs

Voici les terminaisons des adjectifs au prépositionnel.

		Nominatif **Какой? Какое?**	Prépositionnel **в/на/о каком?**	
M **N**		Этот/тот старый красивый дом. Это/то новое пальто	В этом/том старом красивом доме Об этом/том новом пальто	-ом
			<u>Après les consonnes Ж, Ш, Щ, Ч, quand la terminaison n'est pas accentuée et après les consonnes molles (comme dans l'adjectif синий) – la terminaison devienne molle</u>	-ем
		Хороший друг Синий костюм	О хорошем друге В синем костюме	
F		**Какая?**	**В/на/о какой**	-ой
		Эта русская фирма	В этой русской фирме	
			<u>Après les consonnes Ж, Ш, Щ, Ч, quand la terminaison n'est pas accentuée et après les consonnes molles (comme dans l'adjectif **синий**) – la terminaison devienne molle</u>	
		Хорошая подруга Синяя блузка	О хорошей подруге В синей блузке	-ей

PL		**Какие?**
		Эти/те новые дома
		        здания
		        книги
			в/на/о каких?
			Об этих/тех новых домах
			        зданиях
			        книгах
				-ых

			<u>Après les consonnes **Г, К, Х, Ж, Ш, Щ, Ч** et après les consonnes molles (comme dans l'adjectif **синий**) – la terminaison devienne molle</u>	-их
		Коммерческие дела	О коммерческих делах	

Vous voyez que la terminaison molle apparait après les consonnes Ж, Ш, Щ, Ч, quand la terminaison n'est pas accentuée et après les consonnes molles comme dans l'adjectif «синий».

Мы говорим о хорòшем друге и о хорòшей подруге.

Vous vous rappelez qu'après les consonnes Г, К, Х, Ж, Ш, Щ, Ч, on n'écrit jamais «ы». Dès lors la terminaison au pluriel «-ых» devient «-их».

УПРАЖНЕНИЯ / EXERCICES

A. Mettez les phrases au futur :

1. Сегодня вечером Антон .... (смотреть) телевизор. 2. Завтра я .... (отдыхать) весь день. 3. В субботу мы .... (играть) в теннис. 4. Ты .... (ужинать)? 5. Вы .... (читать) эту книгу? 6. Они .... (изучать) русский язык в России. 7. Ты .... (есть) пиццу? 8. Вы .... (быть) завтра в институте?

Б. Mettez les phrases au futur :

1. Вчера Татьяна ездила на море. Завтра ....
2. Вчера мы ходили в театр. В четверг ....
3. На прошлой неделе мы ездили в Париж. На будущей неделе ....
4. Позавчера Игорь ходил на футбол. Послезавтра ....

В. Répondez aux questions en employant des phrases avec le mot «через» :

1. Когда ты пойдешь на семинар? - .... (5, минута)
2. Когда у вас будет отпуск? - ....(2, неделя)
3. Когда ты будешь звонить в Москву? .... (полтора, час)
4. Когда Антон поедет работать в Англию? – Он думает, что .... (5, год)

Г. Posez des questions se rapportant aux mots soulignés :

1. Мать думает о детях. ....?
2. Мы разговариваем о книге. ....?
3. Они смотрели передачу о Франции. ....?
4. Эта книга о собаках. ....?

Д. Mettez à la forme correcte les pronoms personnels :

1. Я думаю о .... (ты). 2. Это наш друг Александр. Мы разговариваем о .... (он). 3. Ты слышал об этой актрисе? – Да, я слышал о .... (она). 4. Я давно вас не видела. Я думала о .... (вы). 5. Наши друзья живут в России. Мы думаем о .... (они). 6. Вы помните о .... (мы)? – Мы вместе отдыхали в Сочи. 7. Эта статья обо .... (я).

Е. Mettez les adjectifs à la forme correcte :

1. Я живу в .... гостинице (красивая). 2. Виктор рассказывает об .... путешествии (интересное). 3. Мы говорим о .... друге (хороший). 4. Татьяна мечтает об .... жизни (интересная). 5. Иван Петрович думает о .... делах (серьезные). 6. Виктор был в .... странах (европейские). 7. Ирина думает о .... подруге (хорошая).

Ё. Posez des questions en rapport avec les adjectifs :

1. В .... странах вы были? 2. О .... актрисе вы говорите? 3. В .... гостинице вы жили? 4. В .... фирме ты работаешь? 5. О .... актёре пишут в газетах? 6. О .... путешествии рассказывает Ирина? 7. В .... фильмах играет этот актёр?

Révision

A. Choisissez la bonne réponse (leçons 1, 2 et 3) :

1. У меня есть только .... русская книга. 2. Дети дома .... 3. Я получила .... письмо. 4. Виктор гуляет в парке	А. Одно Б. Один В. Одни Г. Одна
5. Сколько времени ты читал книгу? .... 6. Когда начинается фильм по телевизору?	А. В 3 часа Б. 3 часа
7. Когда ты отдыхаешь?	А. Субботу Б. Суббота В. В субботу
8. Сколько .... в неделю ты работаешь?	А. День Б. Дней В. Дня
9. Антон два .... учился в Лондоне.	А. Года Б. Лет В. Год
10. Виктор писал книгу восемь	А. Месяца Б. Месяц В. Месяцев
11. Я тебя жду .... минуту.	А. Один Б. Одну В. Одна
12. Какой сегодня день? .... 13. Когда ты идёшь в театр?	А. Пятница Б. В пятницу
14. Сколько .... Вы работаете?	А. Год Б. Года В. Лет

Б. Mettez les verbes ходить/ездить/быть au passé (leçon 2) :

1. Вчера утром Наташа .... в библиотеку. Она находится близко – 5 минут пешком. 2. Она .... в библиотеке два часа. 3. В воскресенье Виктор .... на машине на дачу. 4. Он .... там один день.

B. Posez les questions Куда? Где? (leçon 2) :

1. .... вы были в воскресенье? 2. .... ты работаешь? 3. .... ездил Александр летом? 4. .... живёт Татьяна? 5. .... ты идёшь сегодня вечером? 6. .... ты ходила сегодня утром?

Г. Ecrivez Назад/через (leçon 2 et 3) :

1. Два часа .... я была в магазине. 2. .... час я пойду на работу. 3. Что вы будете делать .... 5 лет? 4. Пять лет .... Антон жил и работал в Голландии.

Д. Ecrivez *потому что/поэтому* (leçon 2) :

1. Я не смотрю этот фильм, ... он неинтересный. 2. Антон не идёт на футбольный матч, ... у него нет билета. 3. В субботу я работаю, ... я не могу поехать на дачу. 4. Татьяна любит детей, ... она работает в школе.

10

E. Ecrivez les verbes идти, ходить, пойти, ехать, ездить, поехать **(leçon 2 et 3) :**

1. Парк находится близко и сейчас я .... туда пешком. 2. Завтра я .... на поезде на море. 3. Час назад Максим .... в библиотеку. Это близко. 4. Как вы .... на работу? 5. Куда вы .... отдыхать летом? 6. Ты .... завтра в дискотеку?

Ё. Posez des questions о ком/о чём (leçon 3) :

1. Мы говорим о друзьях. ....? 2. В письме я пишу о путешествии. ....? 3. Мы разговариваем о психологии. ....? 4. Мы вспоминаем о друге. ....?

Ж. Mettez les pronoms personnels aux formes correctes (leçon 3):

1. Я часто думаю .... (ты). 2. Директор спрашивал .... (я)? 3. Я ничего не знаю .... (она). 4. Мы часто вспоминаем .... (они). 5. Ты читал .... (мы) статью? 6. .... (он) пишут в газетах. 7. Мы часто думаем .... (вы).

З. Posez des questions relatives aux adjectifs, faites attention aux prépositions (leçon 3):

1. .... доме вы живёте? 2. .... этаже вы живёте? 3. .... газете пишут о Викторе?
4. .... путешествии вы мечтаете? 5. .... городе он живёт? 6. .... проблемах пишут в газетах?
7. .... выставке вы были? 8. .... актрисе вы читаете?
9. .... агентстве вы покупали билет? 10. .... континентах находится Россия?

И. Mettez les adjectifs aux formes correctes et avec la bonne préposition (leçon 3) :

1. Мы живём .... доме.
(большой, маленький, красивый, новый, старый, уютный, современный)
2. Татьяна мечтает .... жизни.
(красивая, интересная, лёгкая, романтичная, нетрудная)
3. Виктор любит читать .... проблемах.
(политические, финансовые, экономические, социальные, семейные)

Урок 5   Leçon 5

Aspects des verbes

1. Les verbes en russe se présentent par couples et se répartissent en deux groupes, désignant la manière dont se déroule l'action – l'action qui se répète, des actions simultanées, l'action unique, l'action achevée etc.
On parle de l'aspect du verbe – une notion qui est caractéristique de langue russe et de plusieurs langues slaves : l'aspect imperfectif et l'aspect perfectif.

Aspect imperfectif	Aspect perfectif
Читать	Прочитать
Делать	Сделать
Писать	Написать
Завтракать	Позавтракать

Les verbes désignant la même action, mais qui se déroule différemment, peuvent être employés à l'aspect imperfectif ou à l'aspect perfectif.

2. Les principales significations des aspects sont présentées dans le tableau suivant :

	Aspect imperfectif	Aspect perfectif
1.	**Constatation du fait** (Seulement le fait de faire quelque chose qui nous intéresse) - Что ты делал вчера вечером? - Я читал книгу и смотрел телевизор.	
2.	**Durée de l'action** (Dans le contexte, on voit les mots qui indiquent la durée: долго, недолго, весь день, один час etc.) - Сколько времени ты читал книгу? - Я читал книгу два часа.	**Résultat de l'action** (L'action est achevée. Il y a un résultat) - Ты прочитал книгу? - Да я прочитал её вчера.
3.	**Répétition de l'action** (Dans le contexte, on voit les mots qui indiquent que l'action se répète : обычно, всегда, никогда, каждый день, часто, редко etc.) Татьяна всегда опаздывает на занятия.	**Action unique** (L'action exclusive, qui se produit une fois) Сегодня она не опоздала.
4.	**Actions simultanées** (Plusieurs actions qui se déroulent en même temps) Когда я ужинаю, я смотрю телевизор.	**Actions qui se suivent** (Après une action achevée, l'autre commence) Виктор поужинал, потом начал читать книгу.
5.	**Négation de l'action même** (L'action n'était même pas commencée) Вчера я не смотрел телевизор.	**Négation du résultat de l'action** (L'action était commencée, mais n'a pas été achevée) Я еще не прочитала книгу, потому что она очень большая.

Les verbes **начинать/начать; продолжать/продолжить; кончать/кончить** sont toujours suivis par l'imperfectif des verbes.

Я начала писать статью в 10 часов.

Я продолжала её писать 3 часа.

Я кончила писать статью в 13 часов.

3. Formation des couples aspectuels

L'aspect perfectif se forme dans la plupart des cas en ajoutant le préfixe au verbe imperfectif. Les préfixes sont différents - про-; с-; по-; на-; при- etc.:

Читать – прочитать; делать – сделать; писать – написать; готовить - приготовить

Dans d'autres cas, on supprime le suffixe :

Опаздывать – опоздать ; вставать – встать

Certains couples sont formés par des verbes différents :

Говорить – сказать; брать – взять

Compte tenu de la diversité de formation de couples aspectuels, tâchez d'apprendre les couples des verbes à la page 29 de votre manuel.

4. Le système temporel des aspects des verbes

Les verbes imperfectifs s'emploient au passé, au présent et au futur.

Вчера я читал книгу. Сейчас я читаю книгу. Завтра я буду читать книгу.

Tandis que les verbes perfectifs ne s'emploient qu'au passé et au futur, car le perfectif désigne la fin, le résultat de l'action, l'action qui est accomplie. On peut projeter la fin ou le résultat de l'action dans le futur.

Вчера я прочитал книгу. Завтра я прочитаю книгу.

5. Formes du passé et du futur des verbes perfectifs

Le passé des verbes perfectif se forme comme le passé des verbes imperfectifs.

Вчера Виктор читал книгу. Вчера Виктор прочитал книгу.

Вчера Татьяна писала письмо. Вчера Татьяна написала письмо.

Le futur des verbes perfectifs se forme en ajoutant les terminaisons du présent.

<table>
<tr><td align="center">Imperfectif</td><td align="center">Perfectif</td></tr>
<tr><td align="center">Я читаю/Я готовлю</td><td align="center">Я прочитаю/Я приготовлю</td></tr>
<tr><td align="center">Ты читаешь/Ты готовишь</td><td align="center">Ты прочитаешь/Ты приготовишь</td></tr>
<tr><td align="center">Он/она читает/Он/она готовит</td><td align="center">Он/она прочитает/Он/она приготовит</td></tr>
<tr><td align="center">Мы читаем/Мы готовим</td><td align="center">Мы прочитаем/Мы приготовим</td></tr>
<tr><td align="center">Вы читаете/Вы готовите</td><td align="center">Вы прочитаете/Вы приготовите</td></tr>
<tr><td align="center">Они читают/Они готовят</td><td align="center">Они прочитают/Они приготовят</td></tr>
</table>

УПРАЖНЕНИЯ / EXERCICES

A. Employer le bon aspect du verbe (le premier verbe est à l'imperfectif, le deuxième est au perfectif) :

1. (Делать/сделать) - Что ты .... вчера?

2. (Читать/прочитать) - Вчера я .... газеты.

3. (Читать/прочитать) - Сколько времени ты .... газеты? – Я .... газеты двадцать минут. – Ты .... все газеты? – Нет, я .... только две газеты.

4. (Покупать/купить) - Где ты обычно .... газеты? – Обычно я их .... утром в киоске, но сегодня утром я их .... в метро.

5. (Ужинать/поужинать; смотреть/посмотреть) Когда я .... , я .... фильм.

6. (Ужинать/поужинать; смотреть/посмотреть) Сначала я ...., потом начал .... фильм.

7. (Смотреть/посмотреть) Не надо .... этот фильм, потому что он неинтересный.

8. (Делать/сделать) – Татьяна, ты .... все упражнения? – Нет, я не .... одно упражнение, потому что оно очень трудное.

Б. Ecrivez le couple du verbe : (vérifier à la page 29 de votre manuel)

Читать ....   Писать ....   Делать...........................

Звонить ....   Завтракать ....   Думать ....

Готовить ....   Встречать ....   Спрашивать...........................

Рассказывать ....   Показывать ....   Покупать ....

Понимать ....   Забывать ....   Опаздывать...........................

Брать ....   Говорить ....   Давать ....

В. Mettez les phrases au temps futur, employez les verbes perfictifs :

1. Вчера я сделал эту работу. Завтра я ....

2. Я уже прочитал эту книгу. Завтра я ....

3. Вчера Татьяна позвонила в Москву. Завтра ....

4. Вчера Антон написал два письма. Завтра ....

5. Вчера мы купили словари. Завтра ....

6. Виктор опоздал на занятия. Завтра ....

1. L'accusatif des noms

Vous avez déjà appris une partie du cas accusatif (IV) pour désigner l'objet de l'action et son emploi avec les verbes de mouvement à pieds ou en transport «идти» et «ехать».
Vous avez appris les terminaisons de l'accusatif des noms désignants les objets.
Maintenant, vous allez apprendre l'accusatif des noms désignant les personnes.

Voici les terminaisons de l'accusatif des noms désignant les personnes (noms animés) et les objets (noms inanimés):

	SINGULIER		
M	**Nominatif** **Кто?** Друг Антон Преподаватель Николай	**ANIMÉ** **Accusatif** **Кого?** Друга Антона Преподавателя Николая	**-а** **-я**
M M N	Что? Журнал Документ Концерт Письмо	**INANIMÉ** **Accusatif = Nominatif** Что? Я читаю журнал Я пишу документ Я слушаю концерт Я пишу письмо	Comme le nominatif
F	**Кто? Что?** Подруга Татьяна Наталья Газета Статья Площадь	**ANIMÉ ET INANIMÉ** **Кого? Что?** Подругу Татьяну Наталью Я читаю газету Я пишу статью Я люблю эту площадь	- а → - у - я → - ю - ь
M F	**PLURIEL** **Кто?** Студент Гений Писатель Врач Товарищ Актриса Лошадь Мария	**ANIMÉ** **Кого?** Студентов Гениев Писателей Врачей Товарищей Актрис Лошадей Марий	**-ов** **-ев** Si les terminaisons sont: **ь, ж, ш, щ, ч** la terminaison devient: **-ей** **а** → pas de terminaison **ь → ей** **ия → ий**
M/F N F	**PLURIEL** Журналы и газеты Письма Лекции	**INANIMÉ** Я читаю журналы и газеты Я пишу письма Я слушаю лекции	Comme le nominatif

A l'accusatif, il est important de faire attention au notion «animé» et «inanimé».
Les noms masculins inanimés et les noms du genre neutre à l'accusatif ont la même forme qu'au nominatif.
Les formes du féminin animé et inanimé au singulier à l'accusatif changent.
Le pluriel inanimé de tous les genres a la même forme qu'au nominatif.

La question à l'accusatif pour les personnes et les animaux est «Кого?»

   - **Кого** ты встретила в театре? – В театре я встретила друга и подругу.

La question pour les objets est «Что»

   - **Что** ты читаешь? – Я читаю газету и журнал.

Retenez!

	Именительный падеж Nominatif, sing/pl	Винительный падеж, мн.ч. Accusatif, pluriel
Мужской род	Брат/братья	братьев
	Друг/друзья	друзей
	Сын/сыновья	сыновей
	Сосед/соседи	соседей
Женский род	Сестра/ сёстры	сестёр
	Мать/ матери	матерей
	Дочь/дочери	дочерей
	Люди	людей
	Дети	детей
	Родители	родителей

2. L'accusatif des pronoms personnels

Я - меня   Ты – тебя   Он – его   Она – её   Мы - нас   Вы - вас   Они - их

- Ты видел Виктора? – Да, я видел его вчера.
- Где вы ждёте нас? - Мы ждём вас в театре.

Les noms au masculin et neutre qui désignent les objets sont remplacés par «его».
Les noms au féminin qui désignent les objets sont remplacés par «её».
Les objets au pluriel indépendamment du genre sont remplacés par «их».

- Ты написал документ? – Да, я его написал утром.
- Ты получил письмо? – Да, я его получил вчера.
- Ты нашёл книгу? – Нет, я её не нашёл.
- Ты прочитал эти документы, статьи, письма? – Да, я их прочитал вчера.

3. L'accusatif des adjectifs

Voici les terminaisons des adjectifs à l'accusatif :

M	**SINGULIER** **Nominatif** **Какой?** Старый друг Новый профессор	**ANIMÉ** **Accusatif** **Какого?** Старого друга Нового профессора	-ого
		Après les consonnes **Ж, Ш, Щ, Ч,** quand la terminaison n'est pas accentuée et après les consonnes molles (comme dans l'adjectif **синий**) – la terminaison devient molle	
	Хороший друг Последний пассажир	Хорошего друга Последнего пассажира	-его
		INANIMÉ **Accusatif = Nominatif**	
	Какой? Старый красивый дом. Синий костюм	**Какой?** Я купил старый красивый дом. Я люблю мой синий костюм.	-ый -ий
N	**Какое?** Новое пальто	**Какое?** Я купила новое пальто	-ое
		Après les consonnes **Ж, Ш, Щ, Ч,** quand la terminaison n'est pas accentuée et après les consonnes molles (comme dans l'adjectif **синий**) – la terminaison devient molle	
	Хорошее дело	Мы сделали хорошее дело	-ее
F	**Какая?** Эта русская фирма Моя хорошая подруга Синяя блузка	**ANIMÉ ET INANIMÉ** **Какую?** Я знаю эту русскую фирму Я приглашу мою хорошую подругу Я купила синюю блузку	-ую -юю
PL	**PLURIEL** **Какие?** Новые студенты и студентки	**ANIMÉ** **Каких?** Я встречаю новых студентов и студенток	-ых
		Après les consonnes **Г, К, Х, Ж, Ш, Щ, Ч** et après les consonnes molles (comme dans l'adjectif **синий**) – la terminaison devient molle	
	Русские хорошие друзья Последние гости	Я встречаю русских хороших друзей последних гостей	-их
	Какие? Новые дома здания книги	**INANIMÉ** **Accusatif = Nominatif** **Какие?** Я вижу новые дома здания книги	-ые
		Après les consonnes **Г, К, Х, Ж, Ш, Щ, Ч** et après les consonnes molles (comme dans l'adjectif **синий**) – la terminaison devient molle	
	Коммерческие дела	Мы делаем коммерческие дела	-ие

Comme pour les noms, les adjectifs masculins inanimés et les adjectifs du genre neutre à l'accusatif ont la même forme qu'au nominatif.

Les formes du féminin animé et inanimé au singulier à l'accusatif changent.

Le pluriel des adjectifs inanimés de tous les genres a la même forme qu'au nominatif.

Le pluriel des adjectifs animés a les mêmes formes que les adjectifs au prépositionnel.

УПРАЖНЕНИЯ / EXERCICES

A. Faites une question correcte : что …. / кого….

1. .... изучает Виктор? 2. ...... любит Пётр? – Он любит Татьяну. 3. ...... ты читаешь? 4. ...... ты пригласишь на вечер? 5. .... вы встретили вчера в театре? 6. .... вы смотрели вчера в театре? 7. ..... встретила Татьяна в аэропорту? 8. ...... ты пишешь? 9. ...... хочет видеть Павел? 10. ..... ты хочешь есть?

Б. Mettez les mots en bonne forme :

1. Я люблю слушать ....
(джаз, опера, музыка, концерт)

2. Виктор читает ....
(газета, статья, журнал, брошюра, книга, письмо, факс)

3. Я иду ....
(магазин, спектакль, опера, концерт, работа, банк, выставка, кафетерий)

4. Максим встречает ....
(делегация, журналисты, родители, брат, подруга, мать, дочь, дети, гости)

5. Мы пригласили ....
(друзья, подруги, товарищи, сёстры, братья)

6. Мы видели ....
(профессора, актрисы, специалисты, врачи, студенты и студентки, писатели)

B. Mettez les pronoms personnels en bonne forme :

1. Как .... (ты) зовут? 2. Я часто встречаю .... (они) на улице. 3. Где ты купил это польто? - Я купил .... (оно) в магазине на Арбате. 4. Вы видели мою сестру? – Да, я ....(она) видел вчера. 5. Я жду ....(ты) на станции Белорусская. 6. .... (я) зовут Андрей. 7. Наши друзья пригласили .... (мы) в гости. 8. Сколько времени ты писал статью? – Я писал .... (она) час. 9. У меня есть французская подруга. Я знаю .... (она) уже 10 лет.

Г. Mettez les adjectifs en bonne forme :

1. Завтра мы пойдём в .... (Большой театр). 2. Вчера мы смотрели .... (интересный фильм). 3. Я встречаю на вокзале .... (бельгийские друзья). 4. Я прочитала .... (хорошая книга). 5. Я знаю .... (хороший врач). 6. Мы пригласили на вечер .... (известные профессора). 7. Вчера в клубе я встретила .... (знаменитый актёр). 8. Антон любит .... (бельгийское пиво). 9. Татьяна любит .... (большие собаки). 10. Я приглашаю тебя на .... (футбольный матч). 11. Мы ходили на .... (интересный спектакль).

Д. Posez une bonne question pour l'adjectif :
Какой? Какого? Какое? Какую? Какие? Каких?

1. Мы пригласили на вечер <u>хороших</u> друзей. ....?
2. Татьяна взяла в библиотеке <u>историческую</u> книгу. ....?
3. Виктор купил <u>чёрный</u> костюм. ....?
4. Я получила <u>интересное</u> письмо. ....?
5. Я встречаю в аэропорту <u>русского</u> друга. ....?
6. Мы посетили <u>старые</u> города. ....?

Урок 7

1. L'impératif

Pour former l'impératif des verbes, il faut se baser sur la forme de la première personne du pluriel du verbe. Enlevez la terminaison «–ем» ou «- им». Si le thème se termine par une voyelle, il faut ajouter «-й» pour le singulier et «-йте» pour le pluriel.
Si le thème se termine par une consonne, il faut ajouter «-и» pour le singulier et «-ите» pour le pluriel.

Читать ⟶ мы читаем ⟶ чита- ⟶ читай ⟶ читайте
Смотреть ⟶ мы смотрим ⟶ смотр- ⟶ смотри ⟶ смотрите

Il y a des verbes qui forment l'impératif à l'aide du signe mou «ь».

Забыть ⟶ мы забудем ⟶ забуд ⟶ забудь ⟶ забудьте

Le verbe «ехать» a les formes «езжай» et «езжайте».
Le verbe «поехать» a les formes «поезжай» et «поезжайте».

УПРАЖНЕНИЯ / EXERCICES

A. Mettez les verbes à l'impératif :

1. Антон, ... мне словарь, пожалуйста! (купить)

2. Таня, ... книгу в библиотеке! (взять)

3. .... этот фильм! Он очень интересный! (посмотреть)

4. Не .... взять паспорт и билет на самолет! (забыть)

5. Иван Петрович, ..., пожалуйста, в ресторан и .... два места на четверг. (позвонить, заказать)

6. Ирина Алексеевна, ..., пожалуйста, этот перевод сегодня! (сделать)

7. Таня, ... Антону, что мы придём завтра. (сказать)

8. Театр находится далеко. .... на метро! (ехать)

9. Не ....! У нас есть время! (спешить)

10. Ты фотографировал, когда ты путешествовал? .... фотографии! (показать)

11. Петя, ..., какой спектакль идёт сегодня в театре «Современник». (узнать)

12. ...., пожалуйста, где находится театр? .... прямо, потом налево. (сказать, идти)

13. У тебя есть книга о Москве? .... мне её, пожалуйста! (дать)

14. .... Виктора, когда он едет в Париж? (спросить)

15. .... этот формуляр, пожалуйста! (заполнить)

Урок 8

1. Le cas génitif

Fonctions du génitif :
- Désigner le nombre et la quantité.

Le génitif s'emploie après les nombres. Vous avez déjà appris cela pour désigner l'heure. Les nombres 2, 3, 4 sont suivis du génitif singulier.

Сейчас два часа четыре минуты.

Les nombres à partir du 5 jusqu'au 20 et de 25 jusqu'au 30 et ainsi de suite sont suivis du génitif pluriel.

Фильм начинается в восемь часов тридцать минут.

Dans les nombres composés c'est le dernier chiffre qui influence le choix du singulier ou du pluriel du génitif.

Эта книга стоит пятьдесят один рубль двадцать четыре копейки.

Après les mots - **Сколько? Много. Мало. Несколько**. – on emploie le génitif pluriel.

В библиотеке много книг.

- L'absence d'un objet ou d'une personne.

У Виктора нет сестры. На этой улице нет магазина.

- Après les prépositions «у» et «для».

У Татьяны нет машины. Виктор купил цветы для подруги.

Le génitif a d'autres fonctions que vous apprendrez plus tard.

2. Le génitif des noms.

Voici les terminaisons des noms au génitif :

	SINGULIER Nominatif Кто? Что?	Génitif Кого? Чего?	
M	Друг Антон Журнал Документ Преподаватель	Друга Антона Журнала Документа Преподавателя	**-а**
	Николай Словарь	Николая Словаря	**-я**
N	Письмо Море	Письма Моря	**-а** **-я**
F	Сестра Минута Татьяна	Сестры Минуты Татьяны	**-ы**
	Наталья Статья Площадь	Натальи Статьи Площади	**-и**
	Книга Маша	Книги Маши	Après **Г, К, Х, Ж, Ш, Щ, Ч**, on emploie toujours **-И**
	PLURIEL		
M	**Кто? Что?** Студент Журнал Гений Месяц	**Кого? Чего?** Студентов Журналов Гениев Месяцев	**-ов** **-ев** Après **Ц** si la terminaison n'est pas accentuée : **- ев**
F N	Актриса Книга Неделя Окно	Актрис Книг Недель Окон	**-∅**
M F N	Писатель Врач Товарищ Площадь Море	Писателей Врачей Товарищей Площадей Морей	Si les terminaisons sont : **е, ь**, et après **ж, ш, щ, ч** la terminaison devient : -ей
F N	Мария Здание	Марий Зданий	Quand les terminaisons au singulier sont **–ия; -ие**, les terminaisons au pluriel deviennent **–ий**.

A retenir:

	Nominatif sing/pl	Génitif pluriel
Masculin	Брат/братья	братьев
	Друг/друзья	друзей
	Сын/сыновья	сыновей
	Сосед/соседи	соседей
Féminin	Сестра/ сёстры	сестёр
	Мать/ матери	матерей
	Дочь/дочери	дочерей
	Семья/семьи	семей
	Люди	людей
	Дети	детей
	Родители	родителей

3. Les pronoms personnels au génitif :

Я	У/для меня	Мы	У/для нас
Ты	У/для тебя	Вы	У/для вас
Он	У/для него	Они	У/для них
Она	У/для неё		

УПРАЖНЕНИЯ / EXERCICES

A. Ecrivez les mots рубль/копейка à la forme correcte :

1/ 23 .... 4 .... 2/ 187 .... 50 .... 3/ 551................. 72 ....
4/ 1 105 .... 93 .... 5/ 849 .... 74 .... 6/ 1000000 ....
7/ 43 739 .... 58 .... 8/ 62 .... 82 .... 9/ 100 .... 99 ....

Б. Mettez les mots au génitif :

1. У Виктора нет ....
(брат, сын, друг, компьютер, телевизор, документ, журнал, словарь)
2. У Татьяны нет ....
(сестра, дочь, машина, книга, брошюра, собака, кошка, семья, подруга)
3. В этом городе мало ....
(магазины, кафе, рестораны, театры, музеи, библиотеки, клубы, стадионы, кинотеатры, здания, площади)
4. Во Владивостоке мы были десять ....
(год, месяц, неделя, день, час)
5. В ресторане много .... (люди) 6. У меня нет .... ! (время)

B. Mettez les formes correctes après les mots сколько, много, мало, несколько :

1. Сколько .... в вашей группе? (студент) 2. У меня много .... (книга)
3. Специалисты работали в России несколько .... (неделя) 4. В этом городе мало .... (музей)

20

Г. Mettez les formes correctes :

1. Для кого эти цветы ?

Для ....

(мать, отец, дедушка, бабушка, сестра, брат, актёр, актриса, коллега, Мария, Александр)

2. У кого ты был вчера ?

У ....

(врачи, друзья, родители, дочери, товарищи, дети, сёстры, сыновья, братья)

Д. Mettez les formes correctes :

1. Эти цветы для .... (ты) 2. Этот документ для Виктора? –Да, для .... (он) 3. У кого есть русско-английский словарь? – У .... (я) 4. У .... есть интересные фильмы? (вы) 5. У .... нет билетов в кино. (они) 6. У .... много проблем. (мы) 7. Я купила для .... красивый фотоальбом. (она)

Урок 9 {width=40%} Leçon 9

Révision

А. Choisissez la bonne réponse (leçons 5, 7) :

1. Я должна посмотреть это слово в словаре. - Таня, ... мне, пожалуйста, словарь.	А. Дай Б. Давай
2. Я каждый день .... эту газету.	А. Буду читать Б. Прочитаю
3. Обычно Татьяна .... на занятия. Но сегодня она не	А. Опоздала Б. Опаздывает
4. Сколько времени ты .... этот перевод?	А. Сделаешь Б. Будешь делать
5. ...., пожалуйста, как пройти в центр?	А. Говорите Б. Скажите
6. Вчера мы .... в кафе. Мы каждую субботу .... в этом кафе.	А. Встречаемся Б. Встретились
7. У меня нет этой книги. Я должна завтра .... её в библиотеке.	А. Брать Б. Взять
8. Когда я завтракаю, я люблю .... радио.	А. Слушать Б. Послушать
9. Я .... тебе эту книгу завтра.	А. Буду давать Б. Дам
10. Сегодня идёт дождь. Не .... взять зонтик!	А. Забудь Б. Забывай
11. Ты .... вчера телевизор? – Нет, у меня не было времени.	А. Посмотрел Б. Смотрел
12. Сначала Татьяна .... домашнее задание, потом начала читать книгу.	А. Делала Б. Сделала

Б. Mettez les verbes à l'impératif (leçon 7) :

1. .... эту статью! Она очень интересная. (прочитать). 2. .... эту историю ещё раз, пожалуйста! (рассказать) 3. .... документ. Я должен прочитать его сегодня. (найти) 4. ...., пожалуйста, билеты в театр на субботу. (заказать) 5. Как проехать в центр? - .... на автобусе. (ехать) 6. Иван Петрович, не .... позвонить в Москву! (забыть) 7. .... эту книгу в библиотеке. (взять) 8. .... в каком кинотеатре идёт этот фильм. (узнать)

В. Mettez la bonne forme du verbe (leçon 5) :

1. Я начала .... эту книгу вчера.	А. читать Б. прочитать
2. Мы продолжаем .... этот проект.	А. сделать Б. делать
3. Виктор кончит .... перевод в 15 часов.	А. делать Б. сделать

Г. Faites des questions (leçon 6) :

1. .... ты пригласил на вечер? – Хороших друзей. 2. .... встречает Александр в аэропорту? – Он встречает Поля. 3. .... ты читаешь? – Я читаю интересную статью. 4. .... ты будешь есть? – Борщ и котлеты. 5. .... любит Пётр? – Машу.

Д. Mettez les pronoms personnels à la forme correcte (leçon 6) :

1. Это наши хорошие друзья. Мы знаем .... уже десять лет. 2. Завтра прилетит моя сестра. Я поеду встречать .... в аэропорт. 3. Где Виктор? Я .... ищу. 4. Это твоя собака? Я не знаю как .... зовут. 5. Виктор, я .... сто лет не видел! Как ты? 6. Завтра мы идём в гости. Наши друзья пригласили .... 7. Вы завтра будете в клубе? Как я .... могу найти?

Е. Posez des questions en rapport avec les adjectifs (leçons 6) :

1. .... ресторан вы идёте сегодня? 2. .... выставку вы ходили вчера? 3. .... журналистов вы пригласили на вечер? 4. .... пиво ты любишь? 5. .... преподавателя видела Татьяна? 6. .... иностранный язык ты изучаешь?

Ё. Ecrivez à la forme correcte (leçons 6) :

1. Вчера мы ходили .... (русский ресторан) 2. Татьяна встретила .... (французские журналисты) 3. Мы пригласили на вечер .... (известный профессор) 4. Я прочитала .... (интересная книга) 5. Пётр купил .... (красивое пальто) 6. Вчера я встретила .... (новые коллеги) 7. Поль хочет увидеть .... (русские друзья) 8. Я пригласила в гости .... (хороший друг) 9. Я ищу .... (вчерашняя газета) 10. Я знаю .... (американские актрисы)

Ж. Choisissez la forme correcte (leçon 8) :

1. Сколько .... в году вы работаете?	А. Месяц Б. Месяцы В. Месяцев
2. В магазине много	А. Людей Б. Люди
3. У фирмы мало	А. Клиенты Б. Клаента В. Клиентов
4. В прошлом году я несколько .... была в России.	А. Дня Б. Дней В. Дни
5. .... кого нет компьютера? 6. .... кого ты купил цветы?	А. У Б. Для

3. Mettez les mots à la forme correcte (leçon 8) :

1. Я знаю пять .... (писатель) 2. В магазине нет интересных .... (книги)
3. У .... три .... (Поль, сын) 4. Летом в театре нет .... (спектакли)
5. У .... ты был вчера? (кто) 6. Поль купил подарки для .... (дочери) 7. Сколько .... в этой клинике?
(врач) 8. Эта фирма построила десять .... (здание) 9. Виктор писал книгу шесть .... (месяц)
10. Я .... не купила. (ничто) 11. У .... есть четыре .... (Маша, подруга) 12. В библиотеке нет
русско-французского .... (словарь) 13. Сейчас у .... каникулы. (студенты)

Ключи к упражнениям

Leçon 1

A. Mettez les numéraux один, одна, одно, одни :

1. Одна 2. Одно. 3. Один. 4. Одно. 5. Один 6. Один. 7. Одни. 8. Один. 9. Одна.

Б. Mettez le numéral два, две :

1.Два. 2. Две. 3. Два. 4. Две. 5. Два/две.

В. Mettez en bonne forme les mots *час* et *минута* :

1.Часа/минуты . 2. Час/минут. 3. часа/минуты . 4. Часов/минут. 5.Часов/минут . 6. Часа/минута .

Г. Mettez la préposition «в» là où il faut :

1. в. 2. -. 3. в. 4. в. 5. -. 6. -. 7. в. 8. в. 9. -.

Д. Ecrivez à la forme correcte les mots *день, неделя, месяц, год* :

1. год. 2. неделю. 3. месяцев. 4. дней. 5. месяца. 6. лет. 7. года. 8. недель, недели. 9. месяц. 10. дня. 11. день.

Leçon 2

A. Répondez aux questions en employant les jours de la semaine : в понедельник,
во вторник, в среду, в четверг, в пятницу, в субботу, в воскресенье.

Б. Mettez les verbes «ходить» / «ездить» au passé :

1. ездил 2. ходили 3. ездили. 4. ездил/ездила 5. ходил 6. ходили

В. Utilisez les mots « потому что» / «поэтому» :

1. потому что 2. поэтому 3. потому что 4. поэтому

Г. Répondez aux questions en employant des phrases avec le mot «назад» :

1. 3 месяца назад. 2. неделю назад. 3. 2 часа назад. 4. 5 лет назад. 5. 7 месяцев назад.

Leçon 3

A. Mettez les phrases au futur:

1. будет смотреть. 2. буду отдыхать. 3. будем играть. 4. будешь ужинать 5. будете читать 6. будут изучать. 7. будешь есть 8. будете

Б. Mettez les phrases au futur:

1. поедет 2. пойдем 3. поедем 4. пойдёт

В. Répondez aux questions en employant des phrases avec le mot «через» :

1. через 5 минут. 2. через 2 недели. 3. через полтора часа. 4. через 5 лет.

Г. Posez des questions se rapportant aux mots soulignés :

1. о ком? 2. о чём? 3. о чём? 4. о ком?

Д. Mettez en bonne forme les pronoms personnels :

1. о тебе 2. о нём. 3. о ней. 4. о вас. 5. о них. 6. о нас 7. обо мне.

Е. Mettez les adjectifs à la forme correcte :

1. красивой. 2. интересном. 3. хорошем. 4. интересной. 5. серьезных. 6. европейских. 7. хорошей.

Ё. Posez des questions en rapport avec les adjectifs :

1. В каких 2. О какой 3. В какой 4. В какой 5. О каком 6. О каком 7. В каких

Leçon 4   Révision

A. Choisissez la bonne réponse (leçons 1, 2 et 3) :

1. Г 2. В 3. А 4. Б 5. Б 6. А 7. В 8. Б 9. А 10. В 11. Б 12. А 13. Б 14. В

Б. Mettez les verbes *ходить/ездить/быть* au passé (leçon 2) :

1. ходила 2. была 3. ездил 4. был

В. Ecrivez les questions *Куда? Где?* (leçon 2) :

1. Где 2. Где 3. Куда 4. Где 5. Куда 6. Куда

Г. Ecrivez *Назад/через* (leçon 2 et 3) :

1. назад 2. через 3. через 4. назад

Д. Ecrivez *потому что/поэтому* (leçon 2) :

1. потому что 2. потому что 3. поэтому 4. поэтому

Е. Ecrivez les verbes *идти, ходить, пойти, ехать, ездить, поехать* (leçon 2 et 3) :

1. иду 2. поеду 3. ходил 4. едете 5. ездили/поедете 6. пойдёшь

Ё. Posez des questions *о ком/о чём* (leçon 3) :

1. о ком 2. о чём 3. о чём 4. о ком

Ж. Mettez les pronoms personnels aux formes correctes (leçon 3) :

1. о тебе 2. обо мне 3. о ней 4. о них 5. о нас 6. о нём 7. о вас

З. Posez des questions en rapport avec les adjectifs, faites attention aux prépositions (leçon 3) :

1.В каком 2. На каком 3. В какой 4. О каком 5. В каком 6. О каких 7. На какой
8. О какой 9. В каком 10. На каких

И. Mettez les adjectifs aux formes correctes et avec la bonne préposition (leçon 3) :

1. В большом, маленьком, красивом, новом, старом, уютном, современном
2. О красивой, интересной, лёгкой, романтичной, нетрудной
3. О политических, финансовых, экономических, социальных, семейных

Leçon 5

A. Employez le bon aspect du verbe (le premier verbe est imperfectif, le deuxième perfectif) :

1. делал 2. читал 3. читал, читал, прочитал, прочитал 4. покупаешь, покупаю, купил.
5. ужинаю, смотрю. 6. поужинал, смотреть. 7. смотри. 8. сделала, сделала.

B. Mettez les phrases au temps futur, employez les verbes perfictifs :

1. сделаю 2. прочитаю 3. позвонит 4. напишет 5. купим 6. опоздает

Leçon 6

A. Faites une question correcte : *что …. / кого….*

1. что 2. кого 3. что 4. кого 5. кого 6. что 7. кого 8. что 9. кого 10. что

Б. Mettez les mots à la forme correcte :

1. джаз, оперу, музыку, концерт
2. газету, статью, журнал, брошюру, книгу, письмо, факс
3. в магазин, на спектакль, на оперу, на концерт, на работу, в банк, на выставку, в кафетерий
4. делегацию, журналистов, родителей, брата, подругу, мать, дочь, детей, гостей
5. друзей, подруг, товарищей, сестёр, братьев
6. профессоров, актрис, специалистов, врачей, студентов и студенток, писателей

B. Mettez les pronoms personnels à la forme correcte :

1. тебя 2. их 3. его 4. её. 5. тебя 6. меня 7. нас 8. её 9. её

Г. Mettez les adjectifs à la forme corecte :

1. в Большой театр 2. интересный фильм 3. бельгийских друзей 4. хорошую книгу 5. хорошего врача 6. известных профессоров
7. знаменитого актёра 8. бельгийское пиво 9. больших собак 10. футбольный матч 11. интересный спектакль

Д. Posez une bonne question pour l'adjectif :
Какой? Какого? Какое? Какую? Какие? Каких?

1. каких 2. какую 3. какой 4. какое 5. какого 6. какие

Leçon 7

A. Mettez les verbes à l'impératif :

1. купи 2. возьми 3. посмотри 4. забудь 5. позвоните, закажите 6. сделайте 7. скажи 8. езжайте 9. спеши/те 10. покажи 11. узнай 12. скажите, идите 13. дай 14. спроси/те 15. заполни/те

Leçon 8

A. Ecrivez les mots *рубль/копейка* en forme correcte:

1/ 23 рубля 4 копейки . **2/** 187 рублей 50 копеек . **3/** 551 рубль 72 копейки . **4/** 1 105 рублей 93 копейки . **5/** 849 рублей 74 копейки. **6/** 1000000 рублей .**7/** 43 739 рублей 58 копеек. **8/** 62 рубля 82 копейки . **9/** 100 рублей 99 копеек .

Б. Mettez les mots au génitif :

1. брата, сына, друга, компьютера, телевизора, документа, журнала, словаря
2. сестры, дочери, машины, книги, брошюры, собаки, кошки, семьи, подруги
3. магазинов, кафе, ресторанов, театров, музеев, библиотек, клубов, стадионов, кинотеатров, зданий, площадей
4. лет, месяцев, недель, дней, часов
5. людей 6. времени

В. Mettez les formes correctes après les mots сколько, много, мало, несколько **:**

1. студетов 2. книг 3. недель 4. музеев

Г. Mettez les formes correctes :

1. матери, отца, дедушки, бабушки, сестры, брата, актёра, актрисы, коллеги, Марии, Александра
2. врача, друзей, родителей, дочерей, товарищей, детей, сестёр, сыновей, братьев

Д. Mettez les formes correctes :

1. тебя 2. него 3. меня 4. вас 5. них 6. нас 7. неё

Leçon 9

A. Choisissez la bonne réponse (leçons 5, 7) :

1. А **2.** А **3.** Б, А **4.** Б **5.** Б **6.** Б, А **7.** Б **8.** А **9.** Б **10.** А **11.** Б **12.** Б

Б. Mettez les verbes à l'impératif (leçon 7) :

1. прочитай. 2. расскажи 3. найди 4. закажи 5. езжайте 6. забудьте 7. возьми 8. узнай

В. Mettez la bonne forme du verbe (leçon 5):

1. А 2. Б 3. А

Г. Faites des questions (leçon 6) :

1. Кого 2. Кого 3. Что 4. Что 5. Кого

Д. Mettez les pronoms personnels à la forme correcte (leçon 6):

1. их 2. её 3. его 4. её 5. тебя 6. нас 7. вас

Е. Posez des questions en rapport aux adjectifs (leçons 6) :

1. В какой 2. На какую 3. Каких 4. Какое 5. Какого 6. Какой

Ё. Ecrivez à la forme correcte (leçons 6) :

1. в русский ресторан 2. французских журналистов 3. известного профессора 4. интересную книгу 5. красивое пальто 6. новых коллег 7. русских друзей 8. хорошего друга 9. вчерашнюю газету 10. американских актрис

Ж. Choisissez la bonne forme (leçon 8) :

1. В 2. А 3. В 4. Б 5. А 6. Б

З. Mettez les mots à la forme correcte (leçon 8) :

1. писателей 2. книг 3. Поля, сына 4. спектаклей 5. кого 6. дочерей 7. врачей 8. зданий 9. месяцев 10. ничего 11. Маши, подруги 12. словаря 13. студентов

DECLINAISONS : NOMS

Le génitif des noms. Кого? Чего?

SINGULIER

Nominatif Кто? Что?	Génitif Кого? Чего?	
Друг Антон Журнал Документ Преподаватель	Друга Антона Журнала Документа Преподавателя	**-а**
Николай Словарь	Николая Словаря	**-я**
Письмо Море	Письма Моря	**-а** **-я**
Сестра Минута Татьяна Наталья	Сестры Минуты Татьяны Натальи	**-ы**
Статья Площадь	Статьи Площади	**-и**
Книга Маша	Книги Маши	Après **Г, К, Х, Ж, Ш, Щ, Ч**, on emploie toujours **–И**

PLURIEL

	Кто? Что?	Кого? Чего?	
M	Студент Журнал Гений Месяц	Студентов Журналов Гениев Месяцев	**-ов** **-ев** Après **Ц** si la terminaison n'est pas accentuée : **- ев**
F **N**	Актриса Книга Неделя Окно	Актрис Книг Недель Окон	**-Ø**
M **F** **N**	Писатель Врач Товарищ Площадь Море	Писателей Врачей Товарищей Площадей Морей	Si les terminaisons sont: **е, ь, et après ж, ш, щ, ч** la terminaison devient : **-ей**
F **N**	Мария Здание	Марий Зданий	Quand les terminaisons au singulier sont **–ия; -ие** les terminaisons au pluriel deviennent **–ий**.

RETENEZ !	Nominatif sing/pl	Génitif pluriel = comme accusatif
Masculin	Брат/братья	братьев
	Друг/друзья	друзей
	Сын/сыновья	сыновей
	Сосед/соседи	соседей
Féminin	Сестра/ сёстры	сестёр
	Мать/ матери	матерей
	Дочь/дочери	дочерей
	Семья/семьи	семей
	Люди	людей
	Дети	детей
	Родители	родителей

L'accusatif des noms. Кого? Что? Куда? Когда? (в / на)

SINGULIER			
	Nominatif	**Accusatif** **ANIMÉ**	
	Кто?	**Кого?**	<u>Comme le génitif</u>
M	Друг Антон Преподаватель Николай	Друга Антона Преподавателя Николая	-а -я
		INANIMÉ	
	Что?	**Что ?**	<u>Comme le nominatif</u>
M N	Журнал Документ Концерт Письмо	Я читаю журнал Я пишу документ Я слушаю концерт Я пишу письмо	
		ANIMÉ ET INANIMÉ	
	Кто? Что?	**Кого? Что?**	- а → - у
F	Подруга Татьяна Наталья Газета Статья Площадь	Подругу Татьяну Наталью Я читаю газету Я пишу статью Я люблю эту площадь	- я → - ю - ь

PLURIEL			
			<u>Comme le génitif</u>
		ANIMÉ	
	Кто?	**Кого?**	
M	Студент Гений	Студентов Гениев	-ов -ев
	Писатель Врач Товарищ	Писателей Врачей Товарищей	Si les terminaisons sont : ь, ж, ш, щ, ч la terminaison devient : -ей
F	Актриса Лошадь Мария	Актрис Лошадей Марий	а → pas de terminaison ь → ей ия → ий
		INANIMÉ Что?	
M/F N F	Журналы и газеты Письма Лекции	Я читаю журналы и газеты Я пишу письма Я слушаю лекции	<u>Comme le nominatif</u>

Retenez!	Nominatif, sing/pl	Accusatif, pluriel = comme génitif
Мужской род	Брат/братья	братьев
	Друг/друзья	друзей
	Сын/сыновья	сыновей
	Сосед/соседи	соседей
Женский род	Сестра/ сёстры	сестёр
	Мать/ матери	матерей
	Дочь/дочери	дочерей
	Люди	людей
	Дети	детей
	Родители	родителей

Le prépositionnel des noms. Где? На чём? О ком? О чём? (в/на/о)

		SINGULIER	
	Nominatif	**Prépositionnel**	
M	Стол Музей Словарь	В столе О музее В словаре	
N	Письмо Море	В письме На море	- Е
F	Почта Семья	На почте О семье	
	Площадь	На площади	- И
M N F	Санаторий Здание Россия	В санатории В здании В России	- ИИ

		PLURIEL	
M	Город Музей Санаторий Словарь	В городах В музеях В санаториях В словарях	- ах - ях
N	Окно Море Здание	На окнах В морях В зданиях	- ах - ях
F	Газета Семья Организация Тетрадь	В газетах В семьях В организациях В тетрадях	- ах - ях

Retenez!

Где?		
В аэропорту В шкафу На мосту	В саду На берегу В лесу

ADJECTIFS

L'accusatif des adjectifs. Какого? Какой? Какое? Какую? Каких? Какие?

SINGULIER			
M	**Nominatif** **Какой?** Старый друг Новый профессор	**ANIMÉ** **Accusatif** **Какого?** Старого друга Нового профессора	-ого
		Après <u>les consonnes Ж, Ш, Щ, Ч, quand la terminaison n'est pas accentuée et après les consonnes molles (comme dans l'adjectif синий) – la terminaison devient molle</u>	
	Хороший друг Последний пассажир	Хорошего друга Последнего пассажира	-его
N	**Какой?** Старый красивый дом. Синий костюм	**INANIMÉ** **Accusatif = Nominatif** **Какой?** Я купил старый красивый дом. Я люблю мой синий костюм.	-ый -ий
	Какое? Новое пальто	**Какое?** Я купила новое пальто	-ое
		Après <u>les consonnes Ж, Ш, Щ, Ч, quand la terminaison n'est pas accentuée et après les consonnes molles (comme dans l'adjectif синий) – la terminaison devient molle</u>	
	Хорошее дело	Мы сделали хорошее дело	-ее
F	**Какая?** Эта русская фирма Моя хорошая подруга Синяя блузка	**ANIMÉ ET INANIMÉ** **Какую?** Я знаю эту русскую фирму Я приглашу мою хорошую подругу Я купила синюю блузку	-ую -юю
PLURIEL			
M **F**	**Какие?** Новые студенты и студентки	**ANIMÉ** **Каких?** Я встречаю новых студентов и студенток Après <u>les consonnes Г, К, Х, Ж, Ш, Щ, Ч et après les consonnes molles (comme dans l'adjectif синий) – la terminaison devient molle</u>	-ых
	Русские хорошие друзья Последние гости	Я встречаю русских хороших друзей последних гостей	-их
M **N** **F**	**Какие?** Новые дома здания книги	**INANIMÉ** **Accusatif = Nominatif** **Какие?** Я вижу новые дома здания книги Après <u>les consonnes Г, К, Х, Ж, Ш, Щ, Ч et après les consonnes molles (comme dans l'adjectif синий) – la terminaison devient molle</u>	-ые
	Коммерческие дела	Мы делаем коммерческие дела	-ие

30

Le prépositionnel des adjectifs. Каком? Какой? Каких?

	SINGULIER		
M **N**	**Nominatif** **Какой? Какое?** Этот/тот старый красивый дом. Это/то новое пальто	**Prépositionnel** **в/на/о каком?** В этом/том старом красивом доме Об этом/том новом пальто	-ом
	Хороший друг Синий костюм	<u>Après les consonnes Ж, Ш, Щ, Ч, quand la terminaison n'est pas accentuée et après les consonnes molles (comme dans l'adjectif **синий**) – la terminaison devient molle</u> О хорошем друге В синем костюме	-ем
F	**Какая?** Эта русская фирма	**В/на/о какой** В этой русской фирме	-ой
	Хорошая подруга Синяя блузка	<u>Après les consonnes Ж, Ш, Щ, Ч, quand la terminaison n'est pas accentuée et après les consonnes molles (comme dans l'adjectif синий) – la terminaison devient molle</u> О хорошей подруге В синей блузке	-ей
	PLURIEL		
M **N** **F**	**Какие?** Эти/те новые дома 　　　　　здания 　　　　　книги	**в/на/о каких?** Об этих/тех новых домах 　　　　　зданиях 　　　　　книгах <u>Après les consonnes Г, К, Х, Ж, Ш, Щ, Ч et après les consonnes molles (comme dans l'adjectif синий) – la terminaison devient molle</u>	-ых
	Коммерческие дела	О коммерческих делах	-их

PRONOMS PERSONNELS

Nominatif	Génitif	Accusatif	Prépositionnel
Я Ты Он Она Мы Вы Они	У/для меня У/для тебя У/для него У/для неё У/для нас У/для вас У /для них	Меня Тебя Его Её Нас Вас Их	Во/на/обо мне В/на/ о тебе В/на/о нём В/на/о ней В/на /о нас В/на/о вас В/на/о них

EMPLOI DES PRÉPOSITIONS AVEC LES CAS

Préposition	Question	Cas	Exemple
В	*Где?*	Prépositionnel	Я живу в Москве.
	Когда? } *Куда?* }	Accusatif	Я отдыхаю в субботу. Фильм начинается в 18:00 часов. Я еду в Россию.
На	*Куда?*	Accusatif	Я иду на работу.
	Где? } *Как?* } *(На чём?)*	Prépositionnel	Мы были на Кубе. Мы едем на автобусе.
О	*О ком?* *О чём?*	Prépositionnel	Марина думает о дочери. Антон читает статью об экономике.
У	*У кого?*	Génitif	У Ирины есть собака.
Для	*Для кого?*	Génitif	Этот подарок для Татьяны.

Vera SMIRNOVA & Co-East-West Information
Services

Cours de langue russe, traduction, interprétariat

Avenue de la Chasse, 200
1040 Bruxelles, Belgique
Tél./Fax : 32 (0) 2 735 19 44
Tél.mobile : 32 (0) 473 94 01 75
e-mail : info@vs-ewis.com
Web : www.vs-ewis.com

Le cours intensif de langue russe à Bruxelles – 30 heures – a lieu chaque année les deux dernières
semaines du mois d'août

Les stages de langue russe à Moscou

www.ingramcontent.com/pod-product-compliance
Lightning Source LLC
Chambersburg PA
CBHW080535030426

42337CB00023B/4748